Abbé Paul NÈGRE

*Supérieur du Grand Séminaire
de Mende*

PETIT CATÉCHISME

SUR

L'ORAISON

ET

les quatre fins du Sacrifice

MENDE

A. MAGNE, LIBRAIRE

Place au Beurre

—

1914

Abbé Paul NÈGRE

*Supérieur du Grand Séminaire
de Mendé*

PETIT CATÉCHISME

SUR

L'ORAISON

ET

les quatre fins du Sacrifice

MENDE
A. MAGNE, LIBRAIRE
Place au Beurre

—

1914

Au Lecteur

Ces courtes pages sur l'Oraison, destinées aux commençants, doivent être apprises de mémoire.

Elles comprennent trois séries de questions et de réponses, sur : 1º la nature de l'Oraison ; 2º sa nécessité ; 3º ses obstacles.

Nous les complétons par un travail semblable, sur les quatre fins du sacrifice, que des rapports intimes unissent à l'Oraison. La connaissance des quatre fins du sacrifice est un secours puissant pour la pratique de la Méditation.

Ce modeste opuscule n'apprendra rien de nouveau ; mais, avec brièveté et clarté, il s'efforcera d'exposer ce qu'il est utile de savoir, pour entreprendre, avec succès, l'exercice de l'Oraison.

Nous le plaçons sous la protection des Saints Cœurs de Jésus et de Marie.

PREMIÈRE PARTIE

L'Oraison

I

Nature de l'Oraison

1. — *Qu'est-ce que l'Oraison ?*

L'Oraison est une conversation amicale de l'âme avec Dieu ; ou encore, un commerce d'amitié de l'âme avec Dieu (1). A ces définitions se réduisent toutes celles que donnent les Maîtres de la vie spirituelle.

2. — *L'Oraison est-elle une prière ?*

Oui, l'Oraison est une prière : puisqu'elle est une élévation de notre âme à Dieu pour l'adorer, le remercier, lui demander pardon et obtenir ses grâces. Mais le caractère propre de l'Oraison est d'être une prière sous forme de conversation amicale entre l'âme et Dieu.

3. — *Cette conversation amicale est-elle possible ?*

- Elle est possible. Dieu est notre Père, nous sommes ses enfants. Or, une amitié réelle existe entre le père et le fils. Jésus-Christ est notre Frère. Et une amitié intime

---

(1) Cf. Saint François de Sales, sainte Thérèse, sainte Chantal, saint Vincent de Paul, etc.

unit le cœur des frères. Dieu a observé envers l'homme les lois de l'amitié ; à l'homme de répondre à ces avances divines.

Pendant l'Oraison, l'âme amie de Dieu et Dieu, père et ami de l'âme, s'entretiennent familièrement, à la manière des amis. Aussi, saint Alphonse a-t-il défini l'Oraison : « un commerce d'amitié entre l'âme et Dieu. »

4. — *Que faut-il pour une conversation entre amis ?*

Il faut trois choses : 1⁰ la présence des amis ; 2⁰ un sujet d'entretien ; 3⁰ l'abandon du cœur qui exclut la gêne et la méfiance.

Pour l'Oraison, il faudra donc, avant tout, que l'âme se mette en la présence de Dieu (1) ; qu'elle détermine à l'avance un sujet d'entretien ; et qu'elle soit animée de bonnes dispositions à l'égard de son divin Interlocuteur.

---

(1) Il y a trois manières de se mettre en la présence de Dieu : 1⁰ se représenter Dieu réellement présent partout, par conséquent au lieu même de notre Oraison ; 2⁰ se représenter les Trois Personnes de la Sainte Trinité vivant en notre âme ; 3⁰ se représenter le Divin Maître vivant dans le Mystère sur lequel nous méditons, ou encore Notre-Seigneur réellement présent dans l'Eucharistie. — On peut employer les trois méthodes séparément ou simultanément.

5. — *Quel est le sujet ordinaire des conversations entre amis ?*

C'est : 1° ce qui les concerne personnellement (affection réciproque, joies et peines) ; 2° ce qui concerne leurs familles ou leurs affaires (évènements heureux ou malheureux); 3° leurs projets d'avenir (espérances et craintes).

6. — *Sur quels sujets l'âme doit-elle s'entretenir pendant l'Oraison ?*

1° Sur les perfections de Dieu, pour les mieux connaître, les louer, s'y affectionner; sur les mystères de la vie de Notre-Seigneur pour y chercher des exemples à imiter, et surtout sur sa Passion. — 2° Sur les bienfaits de Dieu, spécialement sur la grâce de la vocation, pour l'en remercier. — 3° Sur nos misères spirituelles (fautes, tentations, défauts, infirmités), pour leur opposer un remède. — 3° Sur notre besoin de grâces (grâces de pardon, de préservation, d'encouragement, de persévérance et de perfection).

7. — *Quels sont les actes (opérations) de l'esprit et de la volonté, que nous devons former dans l'Oraison ?*

Toute Oraison doit renfermer : 1° des considérations (actes de l'intelligence, de la mémoire, ou de l'imagination); 2° des actes de la volonté (affections du cœur, résolutions, prières).

Les considérations forment la partie appelée *méditation* (1).

8. — *Quels sont les actes affectifs de la volonté ?*

Les actes affectifs de la volonté sont:

1° L'**amour** de Dieu, de ses perfections, de sa gloire ; l'amour de la vertu, de notre avancement spirituel, de notre vocation, d'une vertu en particulier, p. e. l'obéissance, la pureté, l'humilité.

2° La **haine** du péché, de ses causes, de ses conséquences, de ses châtiments.

3° La **douleur** de nos fautes (douleur basée sur les motifs les plus parfaits, p. e. l'amour de Dieu, la Passion de Notre-Seigneur, la perte des âmes).

4° La **compassion** pour les souffrances de Notre-Seigneur, pour les âmes du Purgatoire, pour l'état misérable des pécheurs, etc.

5° La **confiance** filiale dans la miséricorde de Dieu et dans sa promesse

____

(1) Méditer: c'est réfléchir, approfondir un sujet, considérer les différents aspects d'une vérité, pour en déduire des idées, des conclusions. Ce travail de l'intelligence excite le cœur et lui fait produire de bons sentiments. Il entraîne la volonté et lui fait prendre des résolutions.

de grâces nécessaires, pour pratiquer la vertu et arriver à la perfection.

6º Le **désir** ou le **zèle** du salut des âmes, de notre perfection, de la gloire de Dieu, de l'imitation de Notre-Seigneur, et encore le désir d'une vertu en particulier, p. e. l'humilité, la charité.

7º La **joie** d'être enfant de Dieu, héritier de sa gloire, d'être en paix avec Lui, joie de sa vocation, etc.

8º La **crainte** filiale de déplaire à Dieu, de ne pas correspondre à sa vocation, etc.

Tous ces actes sont des actes du cœur, ou de la partie affective de la volonté.

9. — *Que doit encore faire la volonté ?*

Elle doit prendre des résolutions.

Les résolutions sont nécessaires pour assurer les fruits de l'Oraison.

Elles sont *générales* : (je veux être un saint, je veux tout faire par amour pour Dieu, je veux arriver à la perfection), ou *particulières*, ayant pour objet une vertu à pratiquer, un défaut à déraciner, une imperfection à éviter.

Il est bon de se prescrire un certain nombre d'actes de vertu pour la journée et de renouveler souvent les mêmes résolutions, en les appropriant aux circonstances.

10. — *Est-il nécessaire de multiplier les considérations et les affections dans l'Oraison ?*

Assurément non.

Les pensées et (parfois) les raisonnements sont nécessaires pour éclairer l'entendement et exciter les mouvements du cœur et de la volonté (amour, crainte, confiance, résolution). Mais un petit nombre suffit. Lorsque l'esprit a fourni un aliment au cœur, il doit suspendre son opération. Il faut s'appliquer moins à raisonner qu'à goûter intérieurement la vérité sur laquelle on médite.

De même, quelques affections, renouvelées et intensifiées par la réflexion et la prière, nourrissent plus l'âme qu'un grand nombre de sentiments, qui glissent sur elle sans la pénétrer. Les amis se disent cent fois la même chose: « Je vous aime ; je suis à vous, je vous appartiens », et cela suffit pour entretenir leur amitié.

11. — *Quel est le rôle de la prière (supplication) dans l'Oraison ?*

Il est très important.

Au début, on doit invoquer le Saint-Esprit. En méditant, il faut demander des convictions profondes, des sentiments très vifs, des résolutions sincères.

Cette prière se pratique sous forme d'aspirations ou d'oraisons jaculatoires. Elle doit être souvent renouvelée.

On peut s'adresser au Père, à Notre-Seigneur, à la T. S. Vierge, et rappeler les titres capables d'en assurer le succès. Par exemple, prier le Père au nom de son Fils, au nom de sa Bonté, de sa Miséricorde, des promesses faites à ceux qui le supplient : prier Jésus-Christ au nom de son Incarnation, de sa Passion, de son Eucharistie. On peut encore rappeler à Dieu ses misères, ses tentations, sa confiance (1).

A la fin de l'exercice, réservez-vous quelques minutes pour réciter un *Pater*, un *Ave*, et assurer ainsi le succès de l'Oraison.

12. — *Est-il nécessaire de varier les sujets d'Oraison ?*

Non. Au contraire, il est bon de garder le même, tant qu'il fournit un aliment à notre âme. Certaines personnes reviennent constamment sur le même sujet, par exemple l'Incarnation, la Passion, le *Pater*, l'*Ave*. La méthode des Probations hebdomadaires ou mensuelles est très conseillée et porte des fruits. A chacun de suivre son attrait étudié et approuvé.

---

(1) Cf. Du Pont. Méditations I, p. 48.

13. — *Que doit-on conseiller spéciale-ment, à celui qui médite sur une vertu ?*

On conseille : 1º de considérer cette vertu en N.-S. Jésus-Christ (quelquefois en Marie ou un Saint), de se rappeler les paroles qu'il en a dites et les exemples qu'il en a donnés ; 2º de former de vifs sentiments d'estime et d'amour pour cette vertu ; et 3º de prendre la résolution d'en pratiquer quelques actes dans la journée.

14. — *Sur quelles vertus est-il utile de méditer plus souvent ?*

1º Sur les vertus théologales, spéciale-ment la charité envers Dieu et envers le prochain ; 2º sur les vertus morales géné-rales, comme l'humilité, la mortification ; 3º sur les vertus opposées à nos défauts, sur celles qu'exigent nos devoirs d'état et celles que nous aimons le plus dans les autres.

15. — *En résumé, à quoi se réduit l'Oraison ?*

L'Oraison n'est autre chose qu'un exer-cice des trois facultés de l'âme : (intelli-gence, cœur (1), volonté) sur un sujet pieux : 1º Un exercice de l'intelligence (aidée de la

---

(1) Le cœur et la volonté ne sont pas deux facul-tés distinctes. Mais la puissance affective de la volonté prend le nom de cœur, et les actes affectifs de la volonté sont attribués au cœur.

mémoire et de l'imagination) pour concevoir des idées ; 2° un exercice du cœur pour produire des affections ; 3° un exercice de la volonté pour former des résolutions.

Par conséquent, une Oraison se réduit à trois choses : une pensée, une affection, une résolution.

II

Nécessité de l'Oraison

1. — *L'Oraison est-elle nécessaire ?*

L'exercice habituel de l'Oraison est nécessaire au prêtre, au religieux et à toutes les personnes qui veulent ou doivent tendre à la perfection.

2. — *Pourquoi l'Oraison est-elle nécessaire ?*

L'Oraison est nécessaire : 1° pour nous détacher de la créature (affections coupables, dangereuses ou trop naturelles) et de nos défauts (habitudes vicieuses, nuisibles ou défectueuses) ; pour nous unir à Jésus-Christ par l'amour de ses perfections, l'imitation de ses exemples (1).

---

(1) « Oratio est fornax ubi animæ accenduntur in Divinum amorem » *Praxis Conf.* — « Je ne croyais pas de jamais pouvoir l'aimer, quoique je pusse faire, si je n'apprenais à faire l'oraison ». B. Marguerite Marie.

2° Pour exciter en notre âme la volonté d'accomplir notre devoir avec plus de soin (intentions plus surnaturelles), de pratiquer quelques conseils évangéliques et de progresser dans la vie spirituelle.

3° Pour obtenir des grâces spéciales en vue de notre salut, de notre perfection, de la gloire de Dieu (1).

3. — *Que pensent de l'Oraison les maîtres de la vie spirituelle ?*

Tous la proclament nécessaire et se plaisent à en décrire les fruits.

Voici quelques témoignages:

Cajetan : « Pour aller dans une île, il faut traverser l'eau qui l'entoure, pour arriver à la perfection, il faut passer par l'Oraison. »

Saint Alphonse de Liguori : « *Omnes sancti per orationem mentalem sancti facti sunt.* » Il menace les confesseurs négligents, qui ne poussent pas les pénitents à la pratique de l'Oraison.

Sainte Thérèse a un culte pour l'Oraison. Elle considère cet exercice comme un moyen très efficace de notre avancement spirituel, et comme la plus terrible des

----

(1) Dieu n'accorde les grâces si élevées qu'il m'a faites que par l'Oraison. Si nous lui fermons cette porte, je ne sais pas comment il pourrait les accorder. Sainte Thérèse, Vie, ch. VIIIᵉ.

tentations, celle qui nous suggère de la quitter.

Sainte Chantal : « Le principal moyen de l'avancement des âmes, c'est l'Oraison ; voilà pourquoi il faut beaucoup les y encourager. »

Suarez : « l'Oraison a le pouvoir d'engendrer dans l'âme toutes les vertus *omne virtutis genus* ».

Saint Vincent de Paul : « Une bonne Oraison est une bonne petite retraite. »

Bossuet : « Une personne dévote sans Oraison est un corps sans âme. »

4. — *Que penser des livres d'Oraison ?*

Les livres d'Oraison sont composés pour fournir des sujets de Méditation. Ils renferment trois séries de sujets : 1° les fins dernières ; 2° les vertus chrétiennes ou religieuses ; 3° les Mystères de la Vie et de la Passion de Notre-Seigneur, avec quelques méditations liturgiques sur les dévotions et les fêtes de la Sainte Vierge et des Saints.

Ces ouvrages sont indispensables aux commençants ; utiles à beaucoup ; peu de personnes peuvent s'en passer.

5. — *Que conseiller sur l'usage de ces livres ?*

Il faut préférer les ouvrages qui font méditer sur la vie, les vertus et les exemples du Divin Maitre. Il est bon d'utiliser les tables pour choisir des sujets à sa convenance. Il serait encore mieux de se former, à l'aide des tables générales, des séries de Méditations sur un même sujet.

6. — *Ne peut-on pas quelquefois méditer sans livres ?*

On le peut à la condition de déterminer à l'avance un sujet, d'en fixer les points et les résolutions.

On choisira, p. e., une scène de la Passion, un passage de l'Evangile, une Prière, une Antienne, *(Salve Regina)* ou tout autre sujet suffisamment connu, pour qu'on puisse le développer sans livre.

III

Les obstacles de l'Oraison

1. — *Quels sont les obstacles de l'Oraison ?*

Les obstacles de l'Oraison sont : la distraction, l'aridité, la paresse spirituelle.

2. — *Quels sont les causes et les remèdes des distractions ?*

1º Les causes de distraction sont : l'imagination, les préoccupations absorbantes, le manque de recueillement habituel, une activité et sensibilité excessives.

2° Les remèdes sont : a) La *suppression* de toute cause volontaire et la *présence* de Dieu. Sans cette condition de l'élévation de notre âme à Dieu par une pensée pieuse, un acte de foi vive, un souvenir qui captive, toute Oraison est impossible.

b) L'*intention arrêtée* d'appliquer son esprit, son cœur et sa volonté au sujet de l'Oraison, d'exclure toute cause intérieure ou extérieure qui les en détournerait.

Aussitôt que vous constatez la distraction, sans en chercher la raison, remettez-vous en la présence de Dieu et, par un effort énergique, revenez au sujet.

c) Un *amour* raisonné pour cet exercice, amour qui est le fruit d'un effort constant, de l'habitude et de la prière.

3. — *Qu'entendez-vous par aridité dans l'Oraison ?*

J'entends une sorte d'impuissance, de dégoût, ou simplement un manque d'attrait pour cet exercice de la vie spirituelle. Cet état d'âme est transitoire ou habituel. Il provient de causes diverses.

4. — *Quelles sont ces causes ?*

1° Le manque d'habitude ou même une incapacité naturelle, que sainte Thérèse avait constatée en certaines personnes. Il ne faut pas se ranger facilement au nombre des incapables. Toute âme est capable d'amour. Avec l'amour de Dieu, on peut faire Oraison.

2º L'affection au péché mortel ou même véniel, l'immortification des sens et du cœur.

3º Une punition infligée à notre orgueil, à notre égoïsme, à nos imperfections volontaires.

4º Une épreuve envoyée de Dieu, pour nous faire constater notre impuissance, sans le secours de sa grâce; pour nous inspirer des sentiments d'humilité et de méfiance de nous-même.

5. — *Quels sont les remèdes de l'aridité?*

Ils consistent : 1º à en supprimer les causes volontaires et 2º à pratiquer la patience, l'humilité, !a soumission à la volonté de Dieu, et la persévérance dans l'Oraison et la prière.

6. — *Quels remèdes opposer au vice de la paresse ?*

1º La volonté énergique et constante de pratiquer l'Oraison, coûte que coûte. 2º La conviction raisonnée de la nécessité de cet exercice pour la vie spirituelle. 3º La considération sérieuse du danger des âmes vouées à la perfection qui s'en privent volontairement. 4° La prière.

Il ne faut pas oublier que cet exercice est un travail qui requiert l'effort et un effort persévérant, surtout au début.

7. — *Quels sont les auxiliaires de l'Oraison ?*

Les auxiliaires de l'Oraison se réduisent à la préparation éloignée, à la préparation prochaine et à la méthode.

8. — *En quoi consiste la préparation éloignée ?*

La préparation éloignée consiste dans le recueillement habituel de l'âme, l'estime et l'amour de cet exercice, la haine de tout péché et la pureté du cœur, l'humilité et la mortification.

9. — *Que faut-il pour la préparation prochaine ?*

Il faut: 1° *la veille*, lire ou déterminer le sujet, se le rappeler avant de s'endormir et au réveil ; 2° à *l'heure* de l'Oraison, se mettre en la présence de Dieu, relire le sujet ou s'en rappeler les points, réciter le *Veni Sancte*, faire un acte de contrition et commencer ensuite. On devra y consacrer le temps fixé, sans concessions à la nature.

10. — *Qu'est-ce que le bouquet spirituel ?*

C'est un bouquet formé de pensées et d'affections pieuses cueillies à l'Oraison, et dont on garde le souvenir pendant la journée. On peut résumer ces pensées et ces affections dans une courte formule, comme une sentence de l'Ecriture, des Pères ou des Saints. — Saint François de Sales en conseille la pratique.

DEUXIÈME PARTIE

Les quatre fins du Sacrifice

1. — Quelles sont les quatre fins du sacrifice ?

Les quatre fins du sacrifice sont : l'adoration, le remerciement, l'expiation et la demande.

2. — Pourquoi les appelle-t-on « les quatre fins du sacrifice ? »

Parce que : adorer, remercier, expier et demander, sont les quatre raisons d'être (motifs) du sacrifice. A l'autel, Jésus-Christ, prêtre et victime, adore, remercie, expie, demande. L'âme qui s'unit au sacrifice de la messe, d'une manière excellente adore, remercie, expie et demande avec Jésus.

3. — Peut-on se servir des quatre fins du sacrifice comme méthode d'Oraison ?

Assurément.

Cette méthode consiste à se mettre en face de la vérité (ou du Mystère), sur laquelle on médite et à produire, suivant la nature du sujet, des actes d'adoration, de remerciement, d'expiation, de demande (1). Les quatre fins du sacrifice sont une mine inépuisable, que chacun peut exploiter à son profit, pendant ses exercices de piété.

I

Adoration

1. — Qu'est-ce qu'adorer Dieu ?

Adorer Dieu, c'est reconnaître sa majesté (grandeur) suprême, son excellence, son domaine souverain (à titre de créateur, conservateur, fin dernière), et reconnaître, en même temps, notre dépendance envers Lui.

2. — Qu'est-ce que reconnaître la majesté suprême de Dieu, ou son domaine souverain ?

Reconnaître le souverain domaine de Dieu, c'est l'accepter volontairement, s'y soumettre librement : cette dépendance volontaire et libre est un élément essentiel de l'adoration.

Reconnaître (acte de volonté libre) est plus que connaître (acte d'intelligence). On peut connaître le souverain domaine de

---

(1) La méthode d'Oraison, par les quatre fins du Sacrifice, est pratiquée et vulgarisée par les Religieux du Très-Saint Sacrement.

Dieu sans le reconnaître. Les démons le connaissent, mais ne le reconnaissent pas.

3. — *Par quels actes adorons-nous Dieu ?*

Par tous les actes intérieurs et extérieurs (de l'âme et du corps), capables d'exprimer librement notre dépendance envers Lui et notre soumission à son domaine souverain.

4. — *Quels sont les actes de l'intelligence, par lesquels nous adorons Dieu ?*

Ce sont :

L'*acte de foi*, par lequel nous soumettons notre raison à la raison divine, — la *consi- dération* respectueuse d'une vérité révélée pour l'approfondir, la goûter, nous en pénétrer, — l'*admiration*, — la *joie*, — la *louange* intérieure.

5. — *Par quels actes affectifs de la volonté (cœur) adorons-nous Dieu ?*

Par les suivants :

1º L'*amour :* amour de complaisance, de préférence, de bienveillance et d'union. Celui qui aime Dieu (d'un amour souverain d'amitié) reconnait l'excellence divine, objet et raison de son amour et, par consé- quent, l'adore.

2º Le *désir* d'aimer Dieu, notre souverain Bien, de l'aimer davantage, de le voir aimé.

3º La *joie* de l'aimer, de le faire aimer, de le savoir aimé.

6. — *Par quels actes de la volonté pouvons-nous encore adorer Dieu ?*

Par tous les actes de cette faculté, qui supposent notre libre dépendance, comme la soumission à ses ordres, aux épreuves qu'il permet, l'abandon entre ses mains, l'humilité, la supplication, la conformité de notre volonté à sa volonté sainte.

7. — *Quels sont les actes extérieurs (du corps) par lesquels nous adorons Dieu ?*

Les cérémonies religieuses, le chant, les génuflexions et inclinations, la prière vocale, la prédication.

II

Action de grâces

1. — *Qu'est-ce que remercier Dieu ?*

Remercier, c'est témoigner sa gratitude (manifester que le don reçu est agréable).

Remercier Dieu, c'est lui dire de cœur, de bouche ou d'autre manière, les sentiments de gratitude que ses dons nous inspirent : sentiments d'admiration, d'amour, de satisfaction, de louange.

2. — *Pourquoi devons-nous remercier Dieu ?*

Parce qu'il est notre premier et plus grand bienfaiteur. De Dieu nous tenons les biens de la nature et de la grâce. Or, tout bienfait demande la reconnaissance. L'ingratitude est un vice odieux.

3. — *Qu'exige le devoir de la reconnaissance envers Dieu ?*

Il exige trois choses : 1º dire merci ; 2º apprécier le don reçu ; 3º en faire bon usage.

4. — *Pourquoi devons-nous dire merci ?*

Parce que le merci est la première expression de la reconnaissance. Refuser le don est offensant pour le donateur, l'accepter sans remercier signifie qu'il ne plaît pas, l'accepter et dire merci signifie qu'il est agréable. C'est la gratitude.

5. — *Comment apprécier un don à sa juste valeur ?*

Pour apprécier un don à sa juste valeur, il faut en examiner la nature, les qualités, les circonstances de personne et de mode.

En effet, la dignité de la personne du donateur, l'indignité de la personne du donataire, la manière de donner ajoutent du prix au bienfait.

Or, le *donateur*, c'est Dieu, c'est Jésus-Christ, c'est la Très Sainte Vierge ; le *donataire*, c'est un homme, coupable, indigne, qui ne mérite rien ;

Le *mode* : le don est gratuit, il est accompagné d'amour, de générosité, de prévenance, de douloureux sacrifice, comme les grâces méritées par la Passion de Notre-Seigneur.

Ces considérations grandissent l'estime pour les dons de Dieu et enflamment le cœur de reconnaissance.

6. — *Qu'est-ce que faire un bon usage des dons de Dieu ?*

C'est en user pour le bien de son âme (salut, perfection, progrès spirituel), **pour** le bien du prochain et pour la gloire de Dieu.

7. — *Comment nous acquitter de notre dette de reconnaissance pendant l'Oraison ?*

En nous servant des trois facultés de l'âme, de l'intelligence, du cœur, de la volonté.

1º L'*intelligence*, aidée de la mémoire, nous représente les bienfaits de Dieu : a) bienfaits *généraux* (création, rédemption, et les biens que ces deux dons renferment); b) bienfaits *particuliers* (grâces d'éduca-

tion, de pardon, de préservation, de vocation et autres grâces individuelles, dont
chacun peut, seul, apprécier le nombre et
la qualité).

2° Le *cœur*, ému par ce tableau des bontés
divines, dit et redit à Dieu ses sentiments
de gratitude : sentiments de satisfaction,
d'amour, de joie, de louange; sentiments
de regret pour remerciement tardif, mau-
vais usage ou usage insuffisant; désir d'une
plus grande fidélité. — (On peut aussi ne
considérer qu'un bienfait en particulier et
en faire l'objet de sa gratitude).

3° La *volonté* forme la résolution de ne
pas laisser les dons de Dieu stériles; mais
de se servir de la santé, de la fortune, du
talent, de la science, de l'influence, des
situations, des grâces intérieures et exté-
rieures, pour la gloire du Donateur, pour
notre sanctification personnelle et le salut
des âmes.

Nota. — On peut user de cette manière
de remercier Dieu, à la visite du Saint-
Sacrement, à l'action de grâces de la com-
munion, et à tous les exercices de piété,
spécialement au saint Sacrifice de la
Messe.

III

Expiation

1. — Que renferme l'expiation ?

Elle renferme :

1º La *confession* (aveu des fautes, des négligences, des imperfections volontaires). 2º la *contrition* (regret et douleur). 3º le *ferme propos* (résolution d'éviter le mal, d'en fuir l'occasion et de prendre les moyens de persévérance). 4º la *satisfaction* (réparation ou compensation par des œuvres.

2. — Pourquoi devons-nous expier ?

1º Pour apaiser la Justice divine et nous rendre Dieu favorable (propitiation); 2º toucher sa Miséricorde et obtenir pardon ; 3º purifier notre âme et la détacher du mal ; 4º satisfaire pour la peine due au péché.

3. — Comment remplit-on le devoir de l'expiation pendant l'Oraison ?

Par des actes de l'intelligence, du cœur, de la volonté.

L'*intelligence* nous représente : 1º nos fautes, nos négligences et imperfections, avec leur nombre, leur gravité, leurs causes et leurs effets ; 2º la malice de ces offenses que la Bonté de Dieu, la Passion de Notre-Seigneur, les grâces reçues, rendent plus manifeste.

2° Le *cœur*, attristé par ce tableau, produit des sentiments d'expiation : la *contrition* (douleur et regret), la *confiance* dans le pardon, la *conversion* intérieure, le *désir* d'aimer le Dieu qui pardonne, et, par amour pour Lui, d'éviter fautes, négligences et imperfections. — Il est bon de donner à ces sentiments une grande vivacité, par la considération de motifs tirés de l'amour de Dieu ou de la Passion de Notre Seigneur.

3° La *volonté*, par des résolutions précises, fermes, motivées, assure les bons effets des sentiments et des désirs. Elle détermine les œuvres à accomplir, pour la réparation et la persévérance.

IV

Prière

1. — *Quel est le but de la Prière ?*

Le but de la Prière est d'obtenir de nouvelles grâces (dons, bienfaits) pour nous, le prochain et la gloire de Dieu.

2. — *La Prière est-elle nécessaire ?*

Elle est nécessaire de nécessité de précepte et de nécessité de moyen. Notre indi-

-gence est grande, Dieu ne donne qu'à celui qui demande. Saint Alphonse dit: « Qui prie sera sauvé, qui ne prie pas sera damné... Tous les bienheureux sont au ciel pour avoir prié, à l'exception des enfants ; tous les damnés sont en enfer pour n'avoir pas prié ; avec la prière, ils n'auraient pas péri. » La prière est particulièrement nécessaire aux âmes vouées à une vie de perfection.

3. — *Quel est le rôle de l'intelligence dans la Prière ?*

Il consiste: 1º à nous convaincre de la puissance de Dieu, de sa bonté, de la sincérité de ses promesses ; 2º à mettre sous nos yeux nos misères spirituelles et temporelles et à nous convaincre de l'efficacité de la supplication.

4. — *Quel est le rôle du cœur dans la Prière ?*

Le rôle du cœur dans la Prière est de former les sentiments suivants : *confiance* dans le succès de notre demande ; *désir* ardent d'être exaucé ; *pitié* sur notre état et celui du prochain, à la vue de notre indigence et de la sienne ; *amour* désintéressé et *zèle* pour la gloire de Dieu et le salut des âmes.

5. — Quel est le rôle de la volonté dans la Prière ?

La volonté donne à la prière les qualités nécessaires à son efficacité : l'attention, l'intention, l'humilité, la persévérance, la soumission au bon vouloir divin.

APPENDICE

La Contemplation

1. — Que signifie le mot contemplation ?

Le mot contemplation signifie deux choses : une opération de l'âme et une méthode d'oraison. La contemplation opération de l'âme est, d'après saint Thomas, une simple vue de la vérité éternelle, sans raisonnement, et avec de vifs sentiments d'admiration et d'amour. D'après saint François de Sales, elle est : « Une amoureuse, simple et permanente attention de l'esprit aux choses divines. »

2. — Qu'est-ce que la contemplation méthode d'oraison ?

C'es tune méthode, d'après laquelle, l'âme, par la mémoire et l'imagination, se représente un Mystère de la vie de Notre-Seigneur comme si le fait s'accomplissait, présentement, sous ses yeux. Elle voit les personnes et les actions, écoute les paroles, observe les circonstances, pour s'instruire. s'édifier, s'émouvoir, s'exciter à bien vivre. Dans cet exercice, l'âme participe elle-même au Mystère, par des réflexions de l'intelligence, des affections et des résolutions de la volonté, et de fréquents colloques en rapport avec ses dispositions actuelles.

3. — *En quoi la contemplation diffère-t-elle de l'oraison ordinaire ?*

La contemplation se pratique, par l'application des sens intérieurs de l'âme au Mystère de la vie de Notre-Seigneur, qui est le sujet de la méditation. L'esprit se contente de quelques réflexions (sans raisonnements), d'affections et de résolutions.

4. — *Cette méthode est-elle utile ?*

Très utile.

Elle permet de méditer, avec fruit et facilité, sur les scènes évangéliques, sur la Passion, et d'une manière générale sur tous les Mystères de la vie de Notre Seigneur et de la Très-Sainte Vierge.

L'Eglise l'a revêtue de son autorité, en approuvant les *Exercices Spirituels* de saint Ignace de Loyola.

5. — *Pourriez-vous entrer dans quelques détails sur la contemplation ?*

Voici quelques explications sur les différents points : (1)

----

(1) Ces détails sont empruntés à une feuille éditée à Tournai sous ce titre : *Méthodes d'oraison et d'examens tirées des exercices de saint Ignace.*

1. — Voir les personnes

1° *Quelles* elles sont : Dieu, Jésus, Marie, saint Joseph, les anges, les hommes, les démons.

2° Leur *extérieur* : visage, âge, vêtements, maintien, démarche, mouvements.

3° Leur *intérieur* : vertus ou vices, perfections ou imperfections, dispositions présentes par rapport à ce mystère ; surtout les sentiments du Cœur adorable de Jésus et du Très Saint Cœur de Marie. (Pénétrez-vous de ces sentiments. *Hoc sentite in vobis*).

2. — Entendre leurs paroles

1° *A qui* elles s'adressent : à Dieu, à Jésus, à Marie, à saint Joseph, aux anges, aux hommes, aux êtres inanimés.

2° *Ce qu'elles* expriment : 1° *en général* ; leurs sens principaux ; 2° *en particulier* : la louange, le blâme, le respect, la miséricorde. l'amour ou la haine...

3. — Considérer leurs actions

1° Leur *nature* : de miséricorde ou de justice, de bonté ou de malice.

2° Leurs *circonstances* : le mode, le temps, le lieu, la cause, la fin.

6. — *Pourriez-vous nous donner un exemple ?* (1)

En voici un :

____

(1) Cet exemple est pris dans la même feuille.

APPLICATION DES SENS

Sur la vie cachée de Jésus-Christ à Nazareth

1er Point. — *Vue :* Considérer, comme si j'étais présent à Nazareth, saint Joseph..., la Sainte Vierge Marie..., Notre-Seigneur Jésus-Christ..., dans leur prière..., leur travail..., leur repos..., leurs rapports avec le prochain..., les anges qui contemplent avec amour cette sainte maison..., le Père céleste qui se complaît en son Fils, etc.

2e Point. — *Ouïe :* Ecouter les paroles de Jésus..., de Marie..., de Joseph..., leur entretien réglé par la douceur..., l'humilité, la modestie..., le zèle des âmes, etc. ; s'unir à leur silence.... à leur recueillement..., à l'apostolat de leur prière.

3e Point. — *Odorat :* Respirer la suavité et comme le parfum de leurs vertus, de leur obéissance..., de leur humilité..., de leur charité.

4e Point. — *Goût ;* Goûter la paix qui remplit leurs âmes..., leur joie intérieure, fruit de leur union avec Dieu..., leurs amertumes causées par la pensée des péchés des hommes, de nos propres péchés, surtout de notre orgueil, que le Fils du Très-Haut était heureux d'expier par ses anéantissements.

5e Point. — *Toucher :* Baiser intérieurement ces murs témoins des vertus de Jésus-Christ..., ces instruments grossiers de son travail..., cette terre sanctifiée par ses pas... par ses sueurs.

Mende. — Impr. Typographique C. Pauc

TABLE

Un exemplaire............... **O 25**

Douze exemplaires **1 50**

Cinquante   — **3 75**

Cent   —   .... **7 »**

Le port en sus.